花を

里中智沙

ミッドナイト・プレス

目次

Ⅲ

花を

I

被爆のマリア[*1]

わたしはもう
何も見なくていい。
見るべきほどのことは見てしまった
と　古《いにしえ》の侍がつぶやいたのも
夥しい屍の漂う敗戦の海の上だったというが[*2]
その男がここにいたら
何と言ったろう
「見るべきほどのこと」と
やはり　言ったろうか?
これは

「見るまじきこと」
ではなかったか？

わたしはもう
目は　捨てた。
ぽっかりと空いた　ふたつの虚《うろ》
を　こわごわと見てないで
指を入れてみなさい。
だれか
このふたつの闇に
手を突っ込んでみなさい。
それはひきこまれ
たちまち焼け焦げ焼け落ちるだろう
（わたしの右の頬のように）

そこはあの日の浦上
焱《ひ》は　まだ燃えているのだよ
にんげんも　燃えているのだよ
燃えて燃えて
せかいじゅうに飛び火して
にんげんは
熱い闇の中を
漂っているのだよ

＊1　原爆で破壊された長崎・浦上天主堂に祭られていたマリア像。戦後、瓦礫の中から頭部のみが見つかった。両眼は失われ、右の頬は真っ黒に焼けている。

＊2　平知盛。『平家物語（巻十一）』より平家滅亡のときの言葉「見るべきほどのことは見つ」。

パンドラ[*1]

もうキボウなんて
甕の中にも　無いのです。
目を凝らしても　視えない。
灯を掲げ
隅から隅まであかるくしても
いや、
あかるくしすぎたから。

いいえ、わたしじゃありません　蓋を開けたのはエピメテウス　その名のとおり「後で考える」男　だから考えることを先送りしてでれでれとわたしを受け取った　気をつけなさい　災いは甘やかな快楽のすがたでやってくるのよ　そしてだんだん　「考える」ことも忘れ

ふっと気まぐれで　固く封されていた蓋を取って
凶々しいものが飛び散ってあっというまに　千里を走って
山を越え　河を渡り　海に降り　海にかかる虹にも　渡り鳥の風切り羽にも　見上げる恋人たちのささやきにも…　目には見えないけれどせかいは変わり　もう元には戻らない
というのにあの男　おろおろしてるだけで何もできない　それどころか　あたしのせいにした　凶々しいものは　こんな男の片隅にも入り込んだのね　あたし慌てて甕を取り返し　蓋を閉めようとして

そのとき　片隅に幽かに光るものを見つけたのだった

──それは希望でありました。今日に至るまで、私たちがどんな
災難にあって途方に暮れている時でも、希望だけは決して私
たちを見棄てない意味がこれでわかるでしょう。*2

†

でも
かげろふの薄羽のようなひかりを見出せたのは
甕の中が　昏かったからです。
とろりと闇が　溜まっていたからです。
闇を狩り　闇を追い出し
むきしつなひかりをいつも

敷き詰めていようとする国では
ひかりに眩まされていることだけが
キボウなのです。

†

第一発見者が犯人にされるように　何千年経ってもまだわたしが
蓋を開けたことになってるのね　どうせ女は浅はかだから…　って
都合の悪いことは　まず自分に隠蔽《かく》して　エピメテウスの子孫たち
よ（わたしの子孫でもあるけれど）
あれからいくつも　甕を開けてきたね。
最初は畏る畏る　でも喉元過ぎれば馴れてしまい　権力《ちから》ある者は災
いも巧みに避《よ》けて　そのうちそれが災いだったことも皆忘れて…
その間「わたし」は何回もお前たちに遣わされた　神々も「わたし」

を作るのがだんだん上手くなり　「わたし」は豪奢に淫らに際限《きり》もなく　お前たちを倚りかからせ　安寧の果ての無聊の果ての罠に落ちて　ニンゲンは封を切る　懲りもせず切る　それはお伽話でも芝居でも大抵ろくなことはないけれど　あとで考えればいいから…を繰り返し繰り返して長い歳月　どんな禍が散り拡がっても「考える」ことをやめてしまった　否、できなくなってしまったエピメテウスの子孫たちよ　禍も「文明」のチカラで抑えられると？　ああその意味では　たしかにお前たちはプロメテウスの子孫　兄弟のDNAはちゃんと受け継がれている

†

「アスファルトを割って芽吹く草のように」

と言えばそれは

「キボウ」にかかる序詞
になります。
でも、
「しぶとくふてぶてしく」
とも続けられる。
甕の底に残ったものって
本当は、何?

気をつけなさい、わが子孫たち
人を惑わせ　人を妖《あやか》し　ひっそりと下笑みしながら
それは今日もうそうそと
あなたの胸にも芽生えたがっている。

＊1　ギリシア神話で、大神ゼウスの創った最初の女。巨人神プロメテウス（「先に考える男」の意）が神のものである火を盗んで人間に与え、様々の文明や技術も教えた。怒ったゼウスは人間への罰として「女（パンドラ）」を創り、プロメテウスの弟・エピメテウス（「後で考える男」の意）に贈った。兄の忠告にもかかわらずエピメテウスはパンドラに溺れる。二人の娘・ピュラと、プロメテウスの息子・デウカリオーンが結婚。ゼウスが、堕落するばかりの人間に憤り大洪水を起こしたとき、箱船を造って逃れたこの二人だけが生き残る。生まれた息子・ヘレーンはギリシア民族の祖とされる。

＊2　岩波文庫『ギリシア・ローマ神話』（ブルフィンチ作　野上弥生子訳）より。

鬼の褌を洗う女

おや、どこかで見たような…　と思ったら　あれはうちのひとじゃない？　いや、「だった」というべきかな　顔を見るのは何か月ぶり？　それとも何年？

それさえ忘れてしまったような彼方から茫々と　しだいに姿かたちになって　何やら目を瞬《しばた》きながら（そうそうこの癖！　相変わらずね　でも老けたわね）いきなり「帰ろう」と言う　私ぽかんとしてしまった　何でまた今さら？

——このひとと

暮らしていたことがあった
毎朝　水を汲み畑を耕し
ささやかに収穫《とりいれ》などして
ときに　このひとは狩りに
私は川で洗い物を

ああ　なんてつつましくかわいかった私！
だって　暮らしも男もそれしか知らなかったから

「君のことをとても捜したんだ」「あきらめなくてよかった」「あの家も元のままだよ」　と私の手を取り　涙まで流してかき口説きあげく「この邸は墓みたいだ」と言う「君は気がつかないのか？」と続ける「それにここはとても危険な土地なんだよ」　キケン？

「そうだよ　昔ここは地面が割れてズレたことがあるんだ　またいつそれが起こるかわからない」　えっ?!　地面が割れた？　「何も知らされてないんだろ？」　声がすこし得意気に反りかえった　「そんなところに鬼と棲んでいてどうする？　さあ帰ろう」

——私もさいしょ　鬼　と思った
今は畑もできない季節だから…　と
あなたは行商《あきない》に出かけ
私はほの暗い灯のした
ひとり虎落笛を聞いていた
今頃どこの峠を
夜《よ》半《は》にや君がひとり越ゆらむ[*1]
寒の月が凍る夜を

こほろ、と

鎖《さ》してあったはずの扉がうごいて
はっとするまもなく大きな男が
踏み込んでくるやいきなり私を
掬い上げ闇のなかを走り出した
何が起こったのか
声も立てられず
抗うなど思いも及ばず
木切れのように
太い腕に摑まれて
男の体臭だけをかすかに感じながら
気を失い…

「君、知ってる？」　夫だった男はとつぜん遠い見知らぬ国の話をはじめていた　（またどこかで仕入れてきたのね）　鬼が暴れ出し、とんでもないことになったとかいう話を。

ある日大地震《おほなゐ》が振り　山も岩も崩れ　海は河へと逆巻き　堂舎塔廟ひとつとして全からず[*2]　死者行方不明者数を知らず　ところがそこの鬼ときたら思いのほか小心者で　子供のように怯えて泣き喚き暴れまわり　誰も手を付けられないんだ　その間に鬼の涙や涎は千里を飛び散り　草木は一気に赤茶けて枯れ　鳥は空から落ち　魚も浮いた　汚れた雨が降り　何日も降り　生き残った人たちも追われるようにその国を立ち退き　それから…

——ここは、極楽？
もしかして　私は死んだの？
気がついたら　琅玕殿のような邸の中で
絢爛たる調度にかこまれ
隅々まで　あかるい
夜も　あかるい
たしか今は冬、ものみな凍てつく季節
だったはず…
なのに春の陽ざしの中にいるように
ほわほわっ、と身体がゆるんで
私、攫われてきたんだ、逃げなきゃ
と思っても
またぼうっと眠くなって…

「君、聞いてる？」　貧相に日焼けが染みついた顔が私を覗き込んでいた（このツマラナイ男が本当に私の亭主だった？　なぜこんな男と夫婦《めをと》になったのかしら？）　聞いてる。話はわかった。「そうか、じゃあ」と立ち上がりかけた男の手を　私はほどいた。

帰らない。

もう帰らない。あんな小さなみすぼらしい家　いいえ、「家」とさえ呼べない　少し風が吹いただけでぎしぎし鳴って　ろくな食べ物もない　水汲みもつらかった　冬まで川に入ってあなたの褌を洗うなんてもうまっぴら！　手が皸《あかぎれ》だらけになってしまう　地面が割れるとか言ってたけど　その前に私の手が罅《ひび》割れてしまうわよ　そんなのご免だわ　どう？　今の私、キレイになったと思わない？

とても平和よ　平和で豊か　何が起きるっていうの？　今までも何も起きてない　たぶんこれからだって…　あなたが言ってた国は運が悪かっただけよ（まさか作り話じゃないでしょうね？）　同じことが何度も起きるわけないでしょ　そんなあやふやなことでこの暮らしをやめて帰ろうなんてどうかしてる　ここはね、一年中春か秋みたいなの　暑いのも寒いのも我慢しなくていい　夜だってあかるい　何でも好きにできるの　季節もじかんも光りも温度も…　冬でもトマトや苺が食べられるのよ　私は帰らない。

鬼？　鬼かどうか知らないけど、優しい人よ　怒ったところなんて見たこともない　言っちゃナンだけどアナタよりいい男よ　ワケのわからないことを言って無理矢理私を連れ戻そうなんて　鬼はアナタの方よ。

洗脳されてる？　それでもいいわ　だって今が楽しいもの　アナタこそ何かに呪縛されて神経症《ヒステリー》になってるんじゃないでしょうね？

＊1　『伊勢物語（第二十三段）』より。『古今和歌集（巻十八）』にも「詠み人知らず」として所収。

＊2　『方丈記』より。

註　拙詩は「鬼の褌を洗う女」と呼ばれる昔話を基としました。『遠野物語』などに類する話はありますが、正確な出典は残念ながら不明のままです。ストーリーは細部に多少の差異はありますが、大体次のようなものです。

若い夫婦が幸福に暮らしていた。あるとき鬼が来て妻を拉致していった。夫は妻を捜しまわり、とうとう谷川で洗濯をしている妻を見つけた（洗っていたのが鬼の褌で、逃げようと思えば逃げられる状態）。夫は「一緒に帰ろう」と言うが、妻の方は「もうここで鬼の女房となって長い間暮らしているから急にどこかに行くことは出来ない」と答え、元の夫と一緒に帰ることを拒む。

鵺《ぬえ》

～謡曲「鵺」*より～

〽悲しきかなや身は籠鳥、
心を知れば盲亀の浮木、
ただ闇中に埋木の、
さらば埋もれも果てずして、
亡心何に残るらん

いや、これは格好をつけすぎてしまった　俺はこんなガラじゃない
し　実を言えば死ぬのもけっこう面白かったんだ　そろそろ帝を脅
かすのにもアキてたし　そのせいかあの日　いつも被っていた黒雲

の衣をうっかり途中で落としてしまった　一枚か二枚だったが　おかげで禁中の屋根に着いたとき　俺の身体が透けて見えたらしい
何やら不穏にくうきがざわめき
あっ、と思ったときには鋒矢《とがりや》に貫かれていた
「やったぞ！」と　荒くれた喚声があちこちからあがり　そのときもう俺は地面に落ちていた　何本もの松明が闇を蹴散らしながらわっと群がる　煌煌と俺を照らす
いやぁ　華々しく殺されるのも悪くないと思ったね
あの　うだつがあがらなくて不満ぶすぶすくすぶっていた頼政という奴の面目も立ててやったし　俺の最期の大見得さ　市川海老蔵のような色悪だったらもっとサマになっただろうが　俺にしては上出来だ。

と、至極満足していたら

そのあとがイケナイ
どこで間違えたのか　いや、最初からそう生まれついていたのか
俺、死なないんだ！
一応、死んだには死んだが（だって九回もトドメを刺されたんだぜ
いい加減しつこいよな　トドメの最多記録じゃないか？）
そして小さな丸木舟に押し込められ川に捨てられたが
俺は　ほら　このとおり意識もあって
もっと悪いことに　俺の身体は朽ちもせず　かってに悪疫を撒き散
らしているらしいんだ
俺の舟がゆらゆら近づくだけで　蜘蛛の子も猫の仔も大慌てに四方
八方散り散りに
大きなマスクをして　息まで止めて

〽夜の波に、
浮きぬ沈みぬ、見えつ隠れ絶々の、
幾へに聞くは鵺の声、
怖ろしや凄ましや、
あら怖ろしや凄ましや

門《かど》を鎖《さ》し窓を閉め　頭から布団を被って震えながら念仏三昧かと思えば　ひそひそ話だ
地中深く穴を掘って埋めたらどうか　もちろん懇ろに供養して…でも場所はどこにするか　穴ができるまでどうするか　誰が穴に入れるのか…云々　結局は押し付け合いさ　格好のいいことを言ってる輩もお鉢が回って来そうになると何のかんのと逃げ腰だ　こないだは気弱そうな奴が押し付けられかかっていた

舟べりを叩く波音まじりに　全部耳に入ってくる
片腹痛くてたまらん
洩れ聞こえてきて　初めて知ったのだが
何でも俺は死骸になってもタチの悪い熱《エネルギー》が満ち満ちて殆ど永久に
死なないんだそうだ　十万年経っても消えるかどうか…？　って眉
をひそめ深刻に　そのくせ　何とかなるだろうどうせ自分はカンケ
イない…　みたいな呑気なけはいもする　声でわかる
俺の方が気が遠くなるね

〽有情非情、
皆共成仏道、
頼むべし、
頼むべしや

——俺は、

どうして生まれてしまったんだろう？　こんな姿で

頭《かしら》は猿　胴体《むくろ》は狸　尾は蛇《くちなは》　手足は虎…　自分でもおぞましい　自
分でも見たくない（だから黒雲をいつも纏っていたんだ）

何が　間違ったんだろう？

出会い頭の突然変異か？（それならまだいい）

ニンゲンが化学やら物理やらを弄んで俺を作ってみたのか？

ふつうにうまれたいのちではないから

ふつうに死ぬこともできず

今日も水のうえを彷徨い熱は下がらぬ

明日も　明後日も　百年後も…

そのときヒトはいるだろうか？

俺の悪疫でとうに滅んでいるだろうか?
川は流れているだろうか?
鴨川　桂川　淀川…　いくつもの流れを引き寄せ受け入れては名を
　改め　難波江《なにはえ》に注ぐあの川
そんな優しい名前も　滅んでいるだろうか?
石走る《いはばし》垂水《たるみ》の早蕨も　流れもあへぬ紅葉も
そして俺だけが…
埋木の　埋もれも果てず
ほの暗い中有の水辺を
ちいさな　仮そめの　うつほ舟で…

〜淀みつ流れつ行末の

――おい、
俺は成仏なんかしないからな
俺を弔うことは　できないからな
塚なぞいくつ作ったって無駄だ
見ろ
おまえたちが得意げに作った塚とやらは　もう罅《ひび》割れて水が洩れて
　るじゃないか
「そこに私はいません」だよ
「千の風になって吹きわたっています」だよ
空を　水を　大地を
おまえたちの身体の暗がりのなかを
もう誰も　心やすらかにはなれない

待ってても
山の端《は》に月は出ない
真如の月が　遥かに照らすことはない
暗きより　暗き道へと

ずっと

＊

世阿弥晩年の作品。『平家物語（巻四）』で語られる源頼政の鵺退治（『平家』の表記では「鵼」）を基にしながら、鵺の亡霊を主人公とし、うつほ舟に閉じ込められて暗渠をさまよい続ける鵺の救われない魂を描いたもの。

この謡曲の最後は「月日も見えず暗きより　暗き道にぞ入りにける　遥かに照らせ山の端の　遥かに照らせ　山の端の月とともに　海月も入りにけり　海月とともに入りにけり」となっており、和泉式部の「暗きより暗き道にぞ入りぬべき遥かに照らせ山の端の月」を踏まえている。

「真如の月」も曲中に現われる言葉で、常住不変の真実が迷妄を晴らすことを月が闇を照らすことに譬えたもの。

なお、「鵺塚」なるものが大阪市都島区、兵庫県芦屋市などにあります。

また、拙詩は、カフカの短編「旅人グラフス」からもヒントをいただきました。

夜

あれっ？
ここは　どこだろう？
気がつけば　だれもいない
どんどん歩いてきたんだけど
どこかで　まちがえたのだろうか？
街灯もまばらになり
携帯も圏外になってる
わたしは立ちどまる
立ちどまると
あるきつかれていたことに突然気付いて

どっと足がおもくなる
すみません、
ここは　どこですか?
このまま　まっすぐでいいですか?
この道は　どこに出ますか?
わたしの声だけが
わたしのなかに谺して
ひしひしと　喰い込んでくる
大丈夫、何とかなるって
と笑って
（笑うしかない）
また歩き出す
夜が　傾く
この道は

どこに行くのですか?

II

森へ

～繋ぎ合わせグリム童話～

――王は、娘が継母にいじめられるのではないかと心配したので、森の真ん中に立つ城に連れて行きました。その城は人目につかず、そこに行く道を知る者はなく…＊1

いいえ、本当はちがいます。
父は　わたしを捨てたがっていたのです。
わたしを見る目でわかります。
母が亡くなり　わたしと二人になるのを怖れていた　だから
再婚しようとしたのです。

そうすれば口実ができる
おまえがママハハに苛められるといけないから、と。
だから喪も明けないうちから妙に燥いで国中にお触れを出し　新しいお妃選びの舞踏会までひらき　何日もひらき　わたしはドアの隙間からそっと　燦々と輝く大広間を覗き見るだけで——
そうして新しい母としてやってきたのは姉のような齢のひとでした。

お父さん、
ほんとはわたしがママハハを苛めるかもしれないと思っていたよね。
わたしがママハハに酷いことをするかもしれないと思っていたよね。
だからあなたは手を替え品を替えわたしを遠ざけようと…
わたし　ママハハとふつうに話もしてたよ　別に魔女でも人喰い鬼でもない　わたしも意地悪なんかしてない　ママハハ＝悪いひと
なんておとぎ話のお約束を利用して　あのひとがかわいそうだよ

わたし、ピアノもいっしょに弾いたりしたよ。

――姫は大きな森の中でまったくひとりぼっちになりました。それでとてもこわくなって、走りだしました。とがった石を跳び越え、いばらを抜けて…*2

いいえ、これもちがいます。

わたしは怖くはありませんでした。

ゆっくり歩いていきました。真ん中がどこかもわからない深い森の奥へ　いっぽ　いっぽ　帰り道をおぼえている必要はなかったから
白い小石も撒かず　いっぽ　いっぽ　いっぽ…

誰にも出会いませんでした。

七人の小人にも　願いを聞いてくれる小鳥にも　蛙に姿を変えられた王子にも　甘い言葉で寄ってくる狼にも　――誰にも。

森の暗い緑のなかを　父の言葉だけがついてきました。

おまえはしっかりした賢い娘《こ》だから　一人でもあの城に住めるね、と。その方が安心だ、と。――「安心」の主語は誰だったのかしら？

風が森を吹きわたる
（怖くありません
風が森を渦巻く
（怖くありません
風が森を揺する
梟の声が谺する
（いいえ、怖くありません

わたしはほっと息を吐きました。

わたしは思う存分わたしでいられる

もう帰らない。

——鬱蒼とした大きな森の真ん中に古い城がありました。その城にはおばあさんがたったひとりで暮らしていました。おばあさんは魔女の中でも、特に抜きんでた魔女で…[*3]

またちがっています。

棲んでいるのはわたしです。

カゾクから外れ　ひとの世から外れてしまうと　魔女と言われるんですね。でも　魔女＝おばあさん　だなんて　男社会の偏見ね。

ね、お父さん
立派なお父さん

どうしていますか?
時々来ると言って　逃げるようにわたしから目を逸らして　全然来ないけど　まあ仕方ないよね　わたし、あなたを殺そうとしてたんだもの　本気だった　一時の衝動じゃなかった　あなたは何も気付かないふりをして　よけい許せない　どうしてそんなそぶりができるの?　どうして何も見ないの?　お母さんもわたしもいなかったことにしたいの?
お父さん、
ここにいると　あなたが若いママハハと暮らしているあの宮殿が嘘にまみれた贋物《フェイク》に見える　あんな中でわたし　金メッキされてお上品ぶって暮らしていたんだろうか?
お父さん、
ここでわたしはまいにち濯がれているの
風の音に

水の音に
樹々の音に
来る日も来る日もひとりで濯がれている
だれも来ない　だれにも出会わない　七人の小人にも　蛙にされた王子にも　やさしい小鳥にも　悪知恵の狼にさえも…　「流失とは、自分にとって大事なもの・必要なものが流れ落ちて行くと同時に、いらないものが流れ落ちて行き、己れが己れの本性だけに痩せ細って行くことである。」[*4]　かつて読んだことばが　今、冷えびえと浸み入ってくる　怖ろしいことばでしょ。
わたしの本性はもうわたしにも隠せないくらい露わだ。
幼いころ、
若い娘を鳥に変え籠に閉じ込めてコレクションする魔女に憧れた
継娘を殺して肺と肝臓を食べたがるお妃にわくわくした　贋物《フェイク》の林檎にあっけなく騙される小娘より　変装し山を越え何度も　殺しに

行く執念《しゅうね》きお妃の妖しの目に。

わたしもやりたい！　って言ったらお父さん、どうする？　じつはもう　鳥や獣を誘き寄せては殺して食べた　栗鼠の目玉はコリコリしてた　肺や肝臓のかたちも見た　キレイだった　ニンゲンの肺も肝臓もキレイだろうか？　心臓は？　脾臓は？　膵臓は？　——でも待っていても今どき誰も来ない　この城はお菓子の家ではないから　ヘンゼルもグレーテルも来ない（来たらあの魔女のようなへまはしない）

わたしは街に出る
スクランブル交差点
一斉に動き出す人波　へらへらとしまりのない顔の群れ
此の世は——
愚かなさみしいニンゲンが溢れてるね、お父さん　奥さんを亡くし

て日も浅いのにすぐ次を物色するあなたみたいな人　に声かけられ
て気取ってやって来た女もいる　ちょっと優しくすれば　ちょっと
さみしそうな顔を見せれば　ちょっと奢ってあげると言えば　目尻
を下げてほいほいついてくるニンゲンはいくらでもいる
わたしは目的《ターゲット》をさだめる
わたしはもう　何でもできる
お父さん、
あなたが捨てた娘を
いなかったことには　させない。

＊1　グリム童話「六羽の白鳥」より。
＊2　同「白雪姫」より。
＊3　同「ヨリンデとヨリンゲル」より。
全て『初版グリム童話集』（吉原高志・吉原素子訳　白水社　一九九七年）による。ただし、1の引用文の「娘」は、出典では「子どもたち」です。拙詩の都合上勝手に改変してお借りしました。
＊4　車谷長吉「赤目四十八瀧心中未遂」より。

ヘンゼルの森

お父さん
ぼくを捨てたね
どうしよう　いきなり
白い小石も用意してない

——ヘンゼルはそれでも家へ帰る道を見つけようと
歩きましたが、まもなく大きな森の中で道がわ
からなくなってしまいました。*

じわじわと　森は暗くなった
葉っぱの群れが真っ黒なぎざぎざになって　ハロウィンのカボチャの目や口みたいに　ぼくを見下ろしぼくを嗤って　でもそれもすぐに見えなくなって　嗤い声だけがごうごうとぼくを渦巻き…
こわい　ここはどこ？　もう何も見えない　ぼくの手も足も見えない　夜ってこんなに真っ暗なんだ　お父さんごめん　ぼくのせいだ　ぼくが道に迷ってしまったんだ　お父さんはすぐに捜しに来てくれたよね　捨てられたと思ったのはぼくの勘ちがいだよね　お父さんごめんなさい　早く迎えに来て！　こわいよ　いま落葉が　がさっと音を立てた　何かが走って行ったのか落ちてきたのか　どうしようお父さん
ぼく何でも言うこと聞く　すききらいも言わない　イタズラもしない　ゲーム買ってスマホ買ってなんて言わない　もっと勉強する

いい子にする　だから早く見つけて　早く…

——次の日も一日じゅう歩きました。それからまた一日歩きましたが、森から出ることはできません。*

お父さん
ぼくもう疲れた　今は朝なのか夜なのか——
歩けば歩くほど　森は暗くなるんだ　葉っぱがどんどん分厚く重なって　空も見えない　空はどこ？　空から遠くなるってこわい　もう何日経ったんだろう　ぼくはどこにいるんだろう　虫が寄ってくる　目に見えないような細かい蟲たちだけが　ぼくがここにいると

知っている　するすると蜘蛛も降りてくる　糸がぎんいろに光る
お父さん
まだぼくを捜してくれてる？　もしかしてぼくなんか帰ってこなく
てもいいと思ってる？　ぼくのこと嫌いだった？　——そうだ、嫌
われていたのかもしれない　だってお父さんはぼくのすきなものを
いつも貶《けな》した　大事にしているものを　いつも揶揄《からか》った　どうし
て？　ぼくほんとはキズついていたんだ　そういうときのお父さん
の得意げな顔　——そうだ、ほんとは大きらいだった　ぼくの大切
なものにぶすぶす針を刺すあなたが　お父さん　何でそんなことし
たの？　楽しかったの？　今ごろ後悔してる？　ごめんね、ってぼ
くも言うけど　お父さんも言ってくれる？　ぼくだけ謝るのはイヤ
だ　花をちぎって食べる　冷たくて苦い　チクチクする　お菓子が
食べたい　やっぱり家に

帰らなきゃ。
帰る。
自分のちからで。
捜してもらうのを待ってなんかいない。
でも何か持って帰らなきゃ。
手ぶらだと見くびられる　また捨てられる。
ぼくはもう大人なんだ。
誰かから奪ってでも。
殺してでも。
あれは魔女だったと言えばいい。

——ヘンゼルは家へ帰る道を見つけました。とうさんはこどもの姿を見て喜びました。*

新聞やＴＶの　たくさんのカメラの前でぼくは
思いっきり明るくピースサインをする
笑顔で　笑顔で　笑顔で
思いっきりうれしそうに
あなたに飛びつく
何回もキスをする
思いっきり子供っぽくしゃべる
どんなに怖かったか
どんなにお腹が空いたか
どんなに会いたかったか
思いっきり嬉しがらせてあげる
そしてそっと見るんだ

あなたのおどおどした目
ぼくよりもずっと深い森を彷徨っていた目を
もうぼくの勝ちだね
これから何をしてもぼくを叱れないね
（あなたが困るほどのお土産も持ち帰った
だからぼくはVサインをする
思いっきり高々と

＊

全て前掲『初版グリム童話集』所収の「ヘンゼルとグレーテル」からの引用ですが、拙詩の都合上、一部勝手に省略してお借りしました。

灰かぶり

家族も親戚もみんな流されてしまった…
つけっ放しのＴＶから聞こえてきた声
思わず　顔を上げた
私ひとり生き残ってしまって…
涙こらえうつむく女《ひと》
なんて羨しい！
今すぐ代わりたい！
だってまいにちまいにち　日の出まえに起き　水を汲み　火をおこし　炊事洗濯床磨き犬の散歩…　夏なら草むしり　冬は雪かき
ありとあらゆる家事を押し付けられ

ありとあらゆる意地悪をされ
わけもなく罵られ殴られる
家に入れるのは掃除のときだけ
庭の片隅の小屋があたしの部屋

今も雑巾を絞りながら
ひりひり真っ赤な皹《あかぎれ》の手をながめていた
そしたら廊下まで聞こえてきたのだ
家族も親戚もみんな流された…　と
化粧っ気もなく髪もぼさぼさの蒼ざめた女《ひと》
背後《うしろ》に
みずに砕かれた残骸の街
もっと向こうに鈍色《にびいろ》の海
あたしはぼんやり見ていた

いいなー　ひとりになれて
ここにもツナミ　来ないかなー
みんな　流してよ
カゾクもシンセキも
そんなもの　どこがいいのやら
カゾク　の　キズナ？
マジで言ってんの?!
「キズナ」の意味知ってる？
「動物を繋ぎとめる綱」だよ
家畜みたいなあたしも
流されてしまいたいんだ

——こどものころから

家に帰るのが怖かった
「ごめんなさい」というコトバをさいしょに覚えた
わけもわからず口にしていた
ごめんなさい　ごめんなさい
そうだお前がいちばん悪い
みんなお前のせいだ
この家にいるなら働け、と
杖を振りまわしお母さんが
嗄れ声で罵る
その背後《うしろ》で夕焼けが
ちりちり業火のように炎えていた
お母さんは魔女だった
お姉さんたちは魔法にかけられてしまってすっかり言いなりに
されていることさえ気づいてない

お父さんは出て行った
お父さんはいつも影がうすい　ペローでもグリムでも
途中からいなくなる
あたしのお父さんは本当にいなくなった
あたしを捨てたのだ

どこまでもつづく無明の夜
まいにち　ゆめをみる
車に細工してやろうか
階段につるつるに油を塗ってやろうか
それとも理科室から何か薬品《くすり》を盗んで…
ああ強盗でも入ってあの魔女《ひと》だけ殺されればいいのに

闇の中で目を見ひらき
あたしはサスペンスドラマのヒロインになる
夢が荒ぶる　空想が煮える
待ってても誰も助けには来てくれない
神話《メルヘン》の時代じゃないから
妖精もいない
ふしぎな力の小鳥もいない
カボチャは馬車にはならない
近代科学とやらがみんな追放してしまった
自然の威力《ちから》には手も足も出ないくせに死神までも
あの魔女《ひと》には近づかない
もう待てない
早く　なかったことにしてしまいたいの
奴隷のようにいたぶられたこの十何年を

杖をひと振りして　消してしまいたい

――闇の底から
あたしは起き上がる
裸足のまま外に出る
ふわり、と
空にかかる二十三夜の月
に　背伸びし　手を伸ばす
指さきが蒼く光る
逆手に持ちかえ
魔女の眠る城に向かって出発する
深い森が
とつぜんざわざわと

絡みあっていた枝枝をほどいて
あたしに道をあけてくれる
夜の蛾が
いっせいに舞う
あたしは煌めく
鱗粉を浴びて

花を摘む

～グリム童話「六羽の白鳥」より～

――ああ　忌々しい
あの子たち
もともと　気にくわなかった
乳母《めのと》になつき
わたしを無視する
だから乳母を追い出してやった
そしたらあの子たちったら……！
もう許せない
どうなるか　思い知るがいい

その夜から、
わたしにことばはなかった

お兄さまたちが
あの光り耀いていたお兄さまたちが
いきなり鳥に変えられ城を追われるのを　見てしまった
信じられないものを
見てはならないものを
物陰から見てしまったあの冬の夜
わたしの目はひびわれ
わたしの喉は凍りつき
川も
風も

森も
妖精《ニンフ》たちも
蒼ざめわたしに尋ねる
王子さまたちはどこ？

「妹よ、
六年のあいだに六枚の上衣を　友禅菊で縫ってくれれば
僕らはもとの姿に戻れる
でも話すことも笑うことも　その間　おまえはできない」

やっとそれだけを言うか言わないかに消えてしまったお兄さまたち
言葉もあの魔女《ひと》に奪われたのね
心配しないで
わたしはもう誰とも話したくないから　笑いたくもないから

（この壊れてしまったせかいで　どうして笑うことができるの？）

――何？　妹が生きてたって？
何かこそこそやってる？
放っておきなさい
そのうち　狼に喰われてしまうさ

ふわっと　丘の斜面に
うす青く光が溜まっていた　一枚の布のように
近づくとゆうぜんぎく
青い花びらが揺れて
何千何万と

揺れて
わたしは摘む　ひたすら摘む　栗鼠や野兎が来て手伝ってくれる
ツグミもコマドリも猛き大鷲さえも　花は尽きない　つぎつぎに咲《ひら》く　露に濡れてつぎつぎに　ゆうぜんぎく　わたしたちを照らしてくれる　うす青く　森の妖精《ニンフ》たちもどこからかあらわれ　ひらひらと摘む　青い繊い花　ゆうぜんぎく　花言葉は「深い愛」
お兄さま
わたしは何年でも黙って花を摘むだろう
日照り雨が過《よ》ぎる昼下がりも
稲妻が蒼く空を走る夕も
はじめての雪が舞いおりる夜も
黙って　上衣を縫うだろう
声を忘れてもいい
言葉を奪われあらぬ虚言《うそ》まで礫のように散撒かれたお兄さまたちを

思えば
わたしも声なんか　いらない
誤解され責められ　おぼえなき罪を着せられ命脅かされても
縫うことは　やめない

――何をしても　娘よ、
わたしの呪いは絶対に解けぬぞよ

いいえ　あの怖ろしい夜こそがわたしの支え
取り返しのつかないことを
きっと　取りかえす
巨きな黒い力が優しきものを圧し潰し何もかも

剝き出しに荒んでゆく時代
を突き抜けて　鳥たちは還ってくるだろう
できあがった上衣を　わたしは高く投げるだろう
ふわりとそれは　鳥たちにかかるだろう
ゆうぜんぎくのうす青い光《オーラ》
を纏って　大切な存在《ひと》は
ふたたび　わたしたちの前に佇つ
うつくしく微笑んで
せかいを照らす
まあたらしく
せかいはうまれる
神話のように。

＊　この物語で使われる花は、本によって「エゾギク」「ひなぎく」「ハコベ」など色色ありますが、ここでは前掲『初版グリム童話集』により、その美しいイメージからも友禅菊としました。
なお、友禅菊の花言葉は他にもあります。

Ⅲ

夜が

ぼうや　もうおうちにかえりなさい
楽しいじかんは終わったのだよ
ごらん　日も沈んでしまった
いつまでも外であそんでいると
おまわりさんがくるよ
闇を着て
警棒でおまえを小突くよ
ここで何をしていた
誰とあそんでいた
どんなハナシを何の相談を

していたんだと
おまえを脅し　痛めつけるよ
ごらん　銃のように四方八方から
カメラがわたしたちを狙っている
だからはやくおうちにかえりなさい
これからは
ひとりですごしなさい
夜の中でひっそり
本でも読んでいなさい
あんぜんな本を
飽きたら　ねことあそんでいなさい
花を愛でていなさい
でも油断は禁物
ねこには爪が

花には棘が
日も月も
沈められヒトは息をひそめ
はいいろの夜が来るのだよ

同行者

連れ立ってあるく
手をつなぐ
寄り添う
指をからめる
わたしが立ち止まれば
立ち止まる
急げば
小走りについてくる
どこまでも
ついてきてくれる

ひと気のない路地に入って
たわむれにキスをした
ちょっと意地悪して隠れたら
バッグにそっと捉まってる
しだいに
成長する
すらりと背が伸び
肩幅も広く
わたしを倚りかからせてくれる
どんどん逞しくなる
もういいのよ　と言っても止まらない
どんどん
大きくなる
わたしを抱きすくめる

くわっ、と鷲摑みに
腕が　喰い込む
骨まで
苦しい　息ができない　助けて！
誰にも聞こえない

へいあん

柔弱な季節になまぬるく慣れて
将軍は　来ない
前駆《さき》追ふ北風も吹かず
供の風花も姿を見せない
忘れてしまったのか
長い午睡《シエスタ》から醒めないのか
あるいは旅の途中で垣間見た美女と
「いちはやきみやび」なんて*
洒落ているのか
弓胡籙《やなぐひ》を降ろし

闕腋袍《けってきのほう》も脱いで
ゆるるかな狩衣《かりぎぬ》姿
の　在五中将よろしく

だから冬至近く

まだ銀杏は耀いている
すこしずつ褪せていく黄金《きん》色をけんめいに引き留めながら
長い秋
将軍は　来ない
来なくていい
柔弱な季《とき》に馴れて
弓も胡簶も　いらない
黒馬の蹄も大鎧も

戦は
公家ことばで　どうぞ
やさしくかそけくうらにおもてに
ひねりをきかせ十重二十重に意味を
香草《スパイス》のごとく毒のごとく
盛り合わせすきなだけ
あそばせ

わたしたち日がな夜がな
生活《くらし》に耽《ふけ》り
恋に歌にあそびに
なまぬるく呆ける柔弱な時代《きせつ》に
狎れてしまって

＊『伊勢物語（第一段）』より。在五中将は在原業平のこと。闕腋袍は平安時代、武官の着用した上衣。

颱風《おおかぜ》の夜に

荒ぶる風が南から近づく夜
むらさきいろの百合がひらく
つぎつぎに
蕚を割り
したたりおちるにおい
を分けて
風が
街路樹を揺すり
窓を震わせ
（大丈夫、ベランダの鉢植えはすべて片付けた）

わたしは灯りを
蠟燭に変える
モーツァルトをかける
ロンド　イ短調　バックハウスのピアノ
風のなかを　音はひらひらと舞い
吹き散らされるかに見えて　したたかに
風をあやつり　風とたわむれ
儚げなもののほど強靭《つよ》く
わたしは新古今集をひらく
床の霜枕の氷消えわびぬ
窓硝子は風の威嚇を耐え
結びもおかぬ人の契りに[*1]
うたの奥から定家卿の声が
世上乱逆追討、耳ニ満ツト雖モ之ヲ注セズ

紅旗征戎吾事ニ非ズ[*2]
――これは、政《まつりごと》からの
ひよわな逃避ではない
無関心　でもない
平安《へいあん》時代、という
永い春日のような安寧のときはとうに終わっていた
うまれたときから自分は
かつて「侍《さぶら》ひ」と呼ばれた成り上がり者の独裁の中にいた
その男がぎょろりと右に目をやるだけで　一天の草木も我れ先に
右へと靡く
（いや、政争も陰謀も独裁も　つたえきく
へいあんの世にもあるにはあったが）
いま　うたも有職故実も何も知らぬ者たちの強さよ　単純な
その体臭と蛮声が

いくさを呼ぶ
いくさを欲しがる
絶えず声高に挑み合う
力ずくの時代よ
俺は　惑わされぬ
なにものにも
侵させはせぬ　俺のうたを
研ぎすますのだ
世上乱逆をはねかえす　鋼《はがね》のことばを
紅旗もひれ伏す　華《はな》のことばを
うたこそが　俺の砦——
大殿油の灯がちろちろと揺れる
百合の匂いがひときわ濃くなる
ピアノの音が舞う

時代《とき》を超え
荒ぶる風は
やまない

＊1　床の霜枕の氷消えわびぬ結びもおかぬ人の契りに（『新古今和歌集（巻十二）』藤原定家）

＊2　藤原定家『明月記』より。治承四年（一一八〇年）九月の記述。

アマテラス

I　日霎《ひるめ》＊1

磐戸は閉ざされた
もうわたくしの出ていく処はない

じっと聴いていると
待ってましたとばかりに悪しき神たちの
忍び笑いが闇の底を
ぞわぞわとひろごり地鳴りのごとく

わかっていた
スサノヲを焚きつけるひそかな力のあること
さもなくば　いかな乱暴な男でも
あそこまでつけあがりはせぬ
あの単純なお調子者
を操り煽り　巨きなちからが
蠢く
くろぐろと
天の下を
スサノヲは荒ぶる
土を鋤き種を播き民が育てた畑の
溝を埋め畔を毀し稲を枯らし

生きものを殺め皮を剝ぎあろうことか
けたたましく笑いながら　神御衣《かむみそ》を織る斎服殿《いみはたどの》に投げ込んだ
眉を顰めながら顔の片側で
スサノヲに喝采する者たちがいる
その騒《ぞめ》きが聞こえる
理想《ゆめ》を語り真実《まこと》を求めることに神も人も疲れ果て
萬《よろづ》の妖《わざはひ》　悉《ことごと》に發《おこ》りき＊2
スサノヲの踏み歩いたあとから
悪しきものが芽を噴く　つぎつぎに噴く　摘む暇もなく噴く　育つ
　はびこる地を覆う悪意不和嫌悪嫉み蔑み…　沸点を越えて
暴ぶる力が発火する

Ⅱ　織女《おりめ》

そして一気に闇が覆った
わたしは立ち竦んだ
身体の在りかもわからなかった
何も　視えなかった
腕《て》も脚《あし》も　こころも
どれほど経ったのか
かすかに闇がそよいだ
神々のけはいがする
ちいさな灯がいくつも揺れ　おぼつかなげに
八百萬の神があつまってくる
灯と見えたのはあえかな花、花、花…

神々の捧げ持つ花たち
からも隠れて　わたしは蹲っていた
ただ　怖ろしかった
声も出せなかった

——神の御衣《みそ》を織っていた私たちにいきなり血腥いものが投げつけられ　わたしの隣にいた織女《おりめ》が驚いて倒れ　はずみで持っていた梭《ひ》が身体を貫いていのちを落とした　斎服殿《いみはたどの》は血に汚れ　畏れ多くも日孁《ひるめ》さまの御手も傷を負い……
——一体何が起こったのか？　わからない　何も私たちにはわからない
——わけもわからぬうちに　此の世にあまねく温もりを灯していた光りが殺されたのだ

見てはならないものを見てしまったわたしに
もう　せかいはもどってこない
日霎《ひるめ》さまにふたたびお出ましいただくために
智恵を出し合う神々
の傍に　わたしは寄れなかった
鏡をつくる手伝いも　幣《ぬさ》をつくる手伝いもしなかった
何もしなかった　できなかった　許してくださいい強くなれなくて　こ
の事態《なりゆき》を受け入れられず　心閉ざし耳塞ぐだけだったわたしを　日霎《ひるめ》
さまのいない世など　永遠《とは》に夜昼《よるひる》分かたぬ常夜《とこやみ》であればよい　ぬばた
まの　闇こそがわたしの光　救いも癒しもいらないと　片隅で泣くだ
けだったわたしを　そんなわたしこそ「いなかった」のか？　誰より
も日霎《ひるめ》さまをお慕いしているのに？

——姉上は
いずれはお出ましになるだろうな
長鳴鳥《ながなきどり》の声　天宇受賣《あめのうずめ》の舞　咲《わら》い響《とよ》む神々の声に
（民の嘆きもお耳に届かぬはずはなく）
磐戸を細く開けられるだろう
そしてひとすじのひかりが落ちる
隠れていた手力男神《たちからをのかみ》が御手を取る　一気に磐戸を引き開ける
「日神《ひのかみ》の光、六合《くにのうち》に満《いは》みにき」*3と。
あるいは
「高天原《たかまのはら》も葦原中國《あしはらのなかつくに》も自《おのづか》ら照り明りき」*4と。

めでたしめでたし
でも待てよ、
本当にそれは　あの大日孁尊《おほひるめのみこと》か？
霊気《アウラ》に満ちた光りの柱のような？
――いや、姉上は
深い疵を負い　闇を背負ってしまわれた
石窟《いはや》の闇
拭っても滲み出し
せかいを染め
じわじわと
神のこころも人のこころも
ほら、そなたのこころも

気付かぬふりして皆

姉上をお迎えしている
全き日輪　天照大御神《アマテラス》を

＊1　アマテラスの別名（Ⅲのパートの「大日孁」も同じ）。『古事記』では、イザナキの左の目からアマテラス（日の神）が生まれ、次に右の目から月読（月の神）が生まれるが、『日本書紀』には、イザナキ・イザナミの二神が生むという記述があり、そこにアマテラスの別名として「大日孁貴（おほひるめのむち）」あるいは「天照大日孁尊（あまてらすおほひるめのみこと）」の名が見える。ここではそれを使いました。

＊2・4は『古事記』、＊3は『日本書紀』より。他にもこの両書より言葉をお借りしています。

なお、Ⅱのパートで神々に花を持たせたのは、洞窟に隠れた日の神に、花を見せて気を引き呼び戻そうとする神話が、中国南部からインド東部のアッサム地方にかけて存在するそうで（岩波文庫『日本書紀』補注より）、そのイメージをお借りしました。

喪う

わたしたちに　もう話すことはなかった

街路樹はそよぎ
陽の下に
噴水は燦めき
昨日と同じように
雲は浮かんでいたけれど
せかいは壊れ　果てしなく
壊れつづけ　今も
（みえない　巨きなちからに

音たてて　瓦礫は降り
（悪意も
やむことなく降り
（礫のように
わたしたちを撃ち
（黒い嗤いも
避《よ》けてあるくことはできず
腕も素足も傷だらけに
なっていたのだ　とっくに
きずついたせかいの
わたしたち　一部だったから
街路樹の
噴水の
流れる雲の

話だけして
別れたのだった

†

花を

えぐられた大地の
血のような赤土に
花を植える
一輪の
花は風にそよぎ　やわらかに
傷口を撫でるだろう

そして花は
蝶を呼ぶだろう　瑠璃いろの蝶を
蜂も呼ぶだろう　黄金《きん》色に翅ふるわせる蜂を
空から

鳥も降りてくるだろう
羽搏きの音に
ひとが足を止めるだろう
そして次の花が

ひとの手に抱かれて
一輪、また一輪と
血のにじむ大地をおおって　やわらかに
お花畑がひろがるだろう
太陽《ひ》も　もどってくるだろう
ひとはやっと
微笑むだろう
お花畑を囲んで
やっと　語りはじめるだろう

あとがき

今年の初め、偶然、次の詩を目にしました。

中国の詩人・顧城《グウチヨン》（一九五六〜一九九三）の、なんと十二歳のときの作品です。（訳は、長年の詩友で、同じ愛知県在住のKさんによるものです。）

「星月的来由」

树枝想去撕裂天空
却只戳了几个微小的窟窿
它透出天外的光亮
人们把它叫做月亮和星星

「月と星の由来」

木の枝は空を引き裂きたいと思った
でもいくつかの小さな穴を突き抜いただけだった
それは天の外の光を漏らしている
人々はそれを月と星と言う

気がつけば、
前詩集から十年が経っていました。
この十年の間に世界も日本も様変わりし、とりわけここ数年、私たちの頭上は、「引き裂きたい」と思う黒い不穏な雲の流れに嘲笑うがごとく覆われています。
ことばは、
そこに穴を開けようとするものでありたい。
――と、私などが言うのは僭越であり、ちょっと恥ずかしくもあるのですが、
ことば（文学）だけでなく、美術も、音楽も、そして映画も舞台も、芸術と名のつくものは全て、「空」に向かって「小さな穴を突き抜」き、そして「天の外の光を漏らす」ものでありたいと思うこの頃です。

二〇一八年　みなづきの雨の縺れ降る日に

里中智沙

里中智沙（さとなか　ちさ）
愛知県在住
詩集　『鏡界から』（'85　不動工房）　『夢の浮橋、わたる』（'89　ミッドナイト・プレス）
『手童《たわらは》のごと』（'08　ミッドナイト・プレス）
現在、個人誌「獅子座」を不定期刊行中

ミッドナイト・プレス

花を

二〇一八年十月二十五日発行

著者　里中智沙

装丁　大原信泉

発行者　岡田幸文

発行所　ミッドナイト・プレス
埼玉県和光市白子三－一九－七－七〇〇二
電話　〇四八（四六六）三七七九
振替　〇〇一八〇－七－二五五八三四
http://www.midnightpress.co.jp

印刷・製本　モリモト印刷

ISBN978-4-907901-14-1